Comme sa maman ne pouvait
plus l'allaiter, on a placé Bernadette
à Bartrès, chez une nourrice.
Son papa, François Soubirous,
qui l'aimait beaucoup, venait
souvent la voir.

Voici Bernadette revenue chez elle, au moulin de Boly dont son papa est le meunier. Elle est l'aînée d'une famille qui s'agrandit au fil du temps. En 1854, elle a un frère et une sœur.

Mais les parents Soubirous commencent à avoir de gros soucis d'argent. Ils ne peuvent plus payer leur loyer et il faut quitter le moulin de Boly.

La famille devient de plus en plus pauvre. C'est même franchement la misère. Bernadette et les siens sont obligés de vivre dans une ancienne prison qui n'était plus utilisée et qu'on appelle « le cachot ».

Heureusement, ils sont très unis. Parents et enfants se portent entre eux une grande tendresse. Ils ne manquent pas de prier ensemble chaque jour.

Cependant, pour soulager ses parents, Bernadette accepte d'aller travailler à Bartrès, chez son ancienne nourrice. Là-bas, on l'envoie garder les moutons.

Evidemment, aux champs, elle
ne peut pas suivre le catéchisme.
Or elle voudrait faire sa Première
Communion : elle a déjà 14 ans !
Aussi Bernadette décide-t-elle de
rentrer à Lourdes.

L'école est très difficile pour elle, car elle ne parle que le patois de Lourdes et elle comprend mal le français. En plus, elle a une mauvaise mémoire. Mais elle s'applique de toutes ses forces, pour apprendre le catéchisme et faire sa Première Communion.

Au matin du 11 février 1858,
il n'y a plus de bois pour se chauffer
ni d'argent pour en acheter.
Avec sa sœur Toinette et son
amie Jeanne, Bernadette essaie
d'en trouver près de la grotte
de Massabielle. Ses compagnes
traversent l'eau pieds nus malgré
le froid. Bernadette hésite...

C'est alors qu'elle entend un léger coup de vent, mais les arbres ne bougent pas. Levant les yeux vers la grotte, Bernadette y voit une belle demoiselle en blanc et, étonnée, éblouie, ne pense plus qu'à prier en la regardant.

La dame disparaît. Toinette et Jeanne reviennent, chargées de bois. Elles n'ont rien vu, elles, dans la grotte. Bernadette se confie à sa sœur, mais celle-ci ne garde pas le secret. Bientôt, tout le monde est au courant. Maman Soubirous croit que Bernadette a perdu la tête.

Bien qu'on le lui défende, Bernadette ne peut s'empêcher de retourner à la grotte. La dame, qui apparaît de nouveau, lui demande de revenir quinze jours de suite. Chaque fois qu'elle la voit, Bernadette prie son chapelet devant elle avec un bonheur immense.

Une foule de plus en plus grande vient à la grotte chaque jour, mais seule Bernadette voit la « dame ». Le commissaire de police la prend pour une menteuse et l'interroge.

La dame dit à Bernadette de « boire à la source ». Or il n'y a pas de source à la grotte. Alors l'adolescente gratte le sol et l'eau se met à couler. Depuis, beaucoup de malades seront guéris en buvant cette eau ou en s'y baignant.

Mais, quand Bernadette vient dire au curé que la « dame » veut une chapelle, il ne la croit pas et la gronde.

Un jour, la « dame » dit enfin son nom à Bernadette :
« Je suis l'Immaculée Conception ».
Seule la Vierge Marie peut être appelée ainsi !

Cette fois le curé, bouleversé, croit Bernadette. Dès lors, des gens de plus en plus nombreux viendront prier à Lourdes. De nos jours, ils sont des millions par an.

Au milieu de tout cela, Bernadette est restée très simple, très humble. Elle vit toujours au « cachot » avec les siens, dans une grande pauvreté. Elle refuse l'argent qu'on veut lui donner. Elle ne veut pas profiter de la situation.

Mais la famille est sans cesse dérangée par des personnes qui veulent voir Bernadette. Les sœurs de l'hospice prennent la jeune fille chez elles pour la mettre à l'abri des curieux. Là, elle aide à soigner les pauvres malades et le fait avec beaucoup d'amour.

Bernadette comprend que Dieu l'appelle à être religieuse. Elle choisit de devenir une Sœur de Nevers, comme celles qui l'ont accueillie à l'hospice.

La voici donc à Nevers. Elle a quitté Lourdes pour toujours. Comme on ne veut pas qu'elle se prenne pour une « vedette », elle doit subir beaucoup d'humiliations. Mais, par amour pour Jésus, elle s'efforce de rester joyeuse et agréable.

D'ailleurs, elle tient à être une religieuse comme les autres.
Elle y parvient si bien que, un jour, une jeune fille demande qu'on la lui montre et s'exclame alors :
- Quoi ! C'est ça ?
- Eh oui ! Ce n'est que ça !, fait Bernadette en riant.

Au couvent, elle s'appelle Sœur Marie-Bernard. Le jour de ses vœux, comme la Supérieure dit qu'elle n'est « bonne à rien », l'évêque se penche vers Bernadette :

- Je vous donne l'emploi de prier.

Prier ! Elle ne demande que cela !

Dans la prière et l'amour de Jésus, Bernadette trouve beaucoup de joie et de courage, qu'elle partage avec les autres. On prend l'habitude de lui envoyer les sœurs qui ont des problèmes, pour qu'elle les conseille.

On lui confie aussi l'infirmerie, parce qu'elle est très bonne avec les sœurs malades. Elle ne recule pas devant les tâches les plus écœurantes, qu'elle accomplit même avec beaucoup d'amour.

Mais elle-même a une mauvaise santé : depuis son enfance, elle souffre d'asthme. D'autres maladies douloureuses s'y sont ajoutées. Elle aussi est maintenant couchée à l'infirmerie. Son lit, elle l'appelle sa « chapelle blanche ».

Le 16 avril 1879, on l'a assise dans un fauteuil, pour qu'elle puisse mieux respirer.

C'est là qu'elle meurt en priant une dernière fois la Vierge Marie.

Quelques mots...

Asthme
maladie qui empêche parfois de bien respirer.

Hospice
grande maison pour accueillir les pauvres, malades ou âgés.

Immaculée Conception
ce titre est donné à Marie pour dire qu'elle n'a jamais été touchée par le péché.

Patois
une manière de parler différente du français, mais qui est encore en usage dans certains villages de France.

Vœux
promesse que fait une religieuse de consacrer toute sa vie à Jésus.